LIBRO RECOMENDADO

## Jarosław Jankowski

# ¿Sabes quién eres?
## Una guía por los 16 tipos de personalidad ID16™©

¿Por qué somos tan diferentes? ¿Por qué
asimilamos la información de forma distinta,
descansamos de otra manera, tomamos
decisiones de otra forma y organizamos
de manera diferente nuestra vida?

«¿Sabes quién eres?» te permitirá
comprenderte mejor a ti mismo y a los demás.
El test ID16 ™© incluido en el libro te ayudará
a determinar tu tipo de personalidad, ofreciéndote
una valiosa introspección.

Tu tipo de personalidad:
# Entusiasta
## (ENFP)

Tu tipo de personalidad:

# Entusiasta
(ENFP)

JAROSŁAW JANKOWSKI

LOGOS
MEDIA

## Tu tipo de personalidad: Entusiasta (ENFP)

Esta publicación puede ayudarte a utilizar mejor tu potencial, a crear relaciones saludables con otras personas y a tomar buenas decisiones en lo relativo a la educación y la carrera profesional. Sin embargo, en ningún caso debería ser tratada como un sustituto de una consulta psicológica o psiquiátrica especializada. El autor y el editor no asumen la responsabilidad por los eventuales daños resultantes de un uso indebido de este libro.

ID16™© es una tipología de la personalidad original. No se la debe confundir con las tipologías y los test de personalidad de otros autores o instituciones.

Título original: Twój typ osobowości: Entuzjasta (ENFP)

Traducción del idioma polaco: Ángel López Pombero, Lingua Lab, www.lingualab.pl

Redacción: Xavier Bordas Cornet, Lingua Lab, www.lingualab.pl

Redacción técnica: Zbigniew Szalbot

Editor: LOGOS MEDIA

ISBN (versión impresa): 978-83-7981-188-5
ISBN (EPUB): 978-83-7981-189-2
ISBN (MOBI): 978-83-7981-190-8

# Índice

# Prólogo

*Tu tipo de personalidad: Entusiasta (ENFP)* es un extraordinario compendio de conocimiento acerca del *entusiasta*, uno de los 16 tipos de personalidad ID16™©.

Esta guía es parte de la serie ID16™©, formada por 16 libros dedicados a los diferentes tipos de personalidad. De forma exhaustiva y clara responden a las siguientes preguntas:

- ¿Qué piensan y sienten las personas que pertenecen a un determinado tipo de personalidad? ¿Cómo toman las decisiones? ¿Cómo solucionan los problemas? ¿De qué tienen miedo? ¿Qué les irrita?

- ¿Con qué tipos de personalidad se relacionan y cuáles evitan? ¿Qué tipo de amigos, cónyuges, padres son? ¿Cómo los ven los demás?

- ¿Qué predisposiciones profesionales tienen? ¿En qué entorno trabajan de manera más efectiva? ¿Qué profesiones se corresponden mejor con su tipo de personalidad?

- ¿En qué son buenos y en qué deben mejorar? ¿Cómo deben aprovechar su potencial y evitar las trampas?

- ¿Qué personas conocidas pertenecen a un determinado tipo de personalidad?

- ¿Qué sociedad muestra más rasgos característicos de un determinado tipo?

En este libro también encontrarás la información más importante sobre la tipología ID16$^{TM©}$.

Esperamos que te ayude a conocerte mejor a ti mismo y a los demás.

EDITORES

# ID16™© entre las tipologías de personalidad de Jung

ID16™© pertenece a la familia de las denominadas tipologías de personalidad de Jung, que hacen referencia a la teoría de Carl Gustav Jung (1875 – 1961), psiquiatra y psicólogo suizo, uno de los principales representantes de la denominada psicología profunda.

Sobre la base de muchos años de estudio y observación, Jung llegó a la conclusión de que las diferencias en las actitudes y las preferencias de las personas no son casuales. Creó la división, bien conocida hoy en día, entre extrovertidos e introvertidos. Además, distinguió cuatro funciones de la personalidad, que forman dos pares de factores contrarios: percepción – intuición y pensamiento – sentimiento. Estableció también que en cada una de estas parejas domina una de las funciones. Jung llegó a la convicción de que las funciones dominantes de cada persona son permanentes e independientes de las condiciones externas y que su resultante es el tipo de personalidad.

En el año 1938 dos psiquiatras estadounidenses, Horace Gray y Joseph Wheelwright, crearon el primer test de personalidad basado en la teoría de Jung, que permitía determinar las funciones dominantes en las tres dimensiones descritas por él: **extroversión – introversión, percepción – intuición** y **pensamiento – sentimiento**. Este test se convirtió en una inspiración para otros investigadores. En el año 1942, también en suelo americano, Isabel Briggs Myers y Katharine Briggs comenzaron a emplear su propio test de personalidad, ampliando el clásico modelo tridimensional de Gray y Wheelwright con una cuarta dimensión: **juicio – percepción**. La mayoría de las tipologías y test de personalidad posteriores, referidos a la teoría de Jung, también toman en consideración esta cuarta dimensión.

Pertenecen a ellas, entre otros, la tipología americana publicada en el año 1978 por David W. Keirsey, así como el test de personalidad creado en Lituania en los años 70 del siglo XX por Aušra Augustinavičiūtė. En las décadas posteriores, investigadores de diferentes partes del mundo fueron tras sus huellas. Ellos crearon otras tipologías con cuatro dimensiones y varios test de personalidad adaptados a las condiciones y necesidades locales.

A este grupo pertenece la tipología de personalidad independiente ID16$^{TM©}$, desarrollada en Polonia por el pedagogo y mánager Jarosław

Jankowski. Esta tipología, publicada en la primera década del siglo XXI, también se basa en la teoría clásica de Carl Jung. Al igual que otras tipologías de Jung contemporáneas, se inscribe en la corriente del análisis tetradimensional de la personalidad. En el marco de ID16™© estas dimensiones se llaman las **cuatro tendencias naturales**. Estas tendencias tienen un carácter dicotómico y su imagen proporciona información sobre el tipo de personalidad de la persona. El análisis de la primera tendencia tiene como objetivo determinar la **fuente de energía vital** dominante (el mundo exterior o el mundo interior). El análisis de la segunda tendencia determina la **forma dominante de asimilación de la información** (a través de los sentidos o a través de la intuición). El análisis de la tercera tendencia determina la **forma de toma de decisiones** dominante (según la razón o el corazón). El análisis de la cuarta tendencia determina, sin embargo, el **estilo de vida** dominante (organizado o espontáneo). La combinación de todas estas tendencias naturales da como resultado **16 posibles tipos de personalidad**.

La característica especial de la tipología ID16™© es su dimensión práctica. Esta describe los diferentes tipos de personalidad según se comportan en la acción: en el trabajo, en la vida diaria y en las relaciones con otras personas. No se concentra en la dinámica interna de la personalidad, ni tampoco intenta aclarar teóricamente procesos interiores e invisibles. Más bien se concentra en cómo un determinado tipo de personalidad se manifiesta al exterior y de qué forma influye sobre el entorno. Este acento en el aspecto social de la personalidad aproxima de cierto modo la tipología ID16$^{TM©}$ a la tipología de Aušra Augustinavičiūtė anteriormente mencionada.

Cada uno de los 16 tipos de personalidad ID16$^{TM©}$ es la resultante de las tendencias naturales de la persona. La inclusión en un determinado tipo no tiene, sin embargo, características evaluativas. Ningún tipo de personalidad es mejor o peor que los otros. Cada uno de los tipos es simplemente diferente y cada uno tiene sus puntos potencialmente fuertes y débiles. ID16$^{TM©}$ permite identificar y describir estas diferencias. Ayuda a comprenderse a uno mismo y a descubrir nuestro lugar en el mundo.

Conocer el perfil propio de personalidad permite a las personas aprovechar en su totalidad su potencial y trabajar en las áreas que pueden causarles problemas. Este conocimiento constituye una ayuda inestimable en la vida diaria, en la solución de problemas, en la creación de relaciones sanas con otras personas y en la toma de decisiones acerca de la educación y la carrera profesional.

La determinación del tipo de personalidad no es un proceso de carácter arbitrario y mecánico. Cada persona, como «propietario y usuario de su personalidad» es plenamente competente para determinar a qué tipo pertenece. Su papel en este proceso es, por lo tanto, crucial. Esta autoidentificación puede realizarse analizando las descripciones de los 16 tipos de personalidad y estrechando gradualmente el campo de elección. Sin embargo, se puede elegir un camino más corto: utilizar el test de personalidad ID16™©. También en este caso, el «usuario de la personalidad» tiene un papel primordial, ya que el resultado del test depende exclusivamente de las respuestas del usuario.

La identificación del tipo de personalidad ayuda a conocerse a uno mismo y a los demás; no obstante, no debería ser tratada como una profecía que predestina el futuro. El tipo de personalidad nunca puede justificar nuestras debilidades o nuestras malas relaciones con otras personas (¡aunque puede ayudar a comprender sus motivos!).

En el marco de ID16™© el tipo de personalidad no es tratado como un estado estático, genéticamente determinado, sino como la resultante de características innatas y adquiridas. Este enfoque no quita importancia al libre albedrío, ni tampoco pretende clasificar a las personas. Abre ante nosotros nuevas perspectivas que nos animan a trabajar sobre nosotros mismos, y a su vez estas perspectivas nos muestran las áreas en las que este trabajo es más necesario.

# Entusiasta (ENFP)

TIPOLOGÍA DE PERSONALIDAD ID16™©

## La personalidad a grandes rasgos

**Lema vital:** *¡Podemos hacerlo!*

Enérgico, entusiasta y optimista. Es capaz de disfrutar de la vida y piensa a largo plazo. Dinámico, ingenioso y creativo. Le gustan las personas y aprecia las relaciones sinceras y auténticas. Cálido, cordial y emocional. Soporta mal la crítica. Tiene el don de la empatía y percibe las necesidades, los sentimientos y los motivos de los demás. Los inspira y los contagia con su entusiasmo.

Le gusta estar en el centro de los acontecimientos. Es flexible y capaz de improvisar. Es propenso a tener ocurrencias idealistas. Se distrae con facilidad y tiene problemas para llevar los asuntos hasta el final.

## Tendencias naturales del *entusiasta*:

- Fuente de energía vital: mundo exterior.
- Asimilación de información: intuición.
- Toma de decisiones: corazón.
- Estilo de vida: espontáneo.

## Tipos de personalidad similares:

- *Consejero*
- *Idealista*
- *Mentor*

## Datos estadísticos:

- Los *entusiastas* constituyen el 5-8% de la población.
- Entre los *entusiastas* predominan las mujeres (60%).
- El país que se corresponde con el perfil de *entusiasta* es Italia[1].

## Código literal:

El código literal universal del *entusiasta* en las tipologías de personalidad de Jung es ENFP.

# Características generales

Los *entusiastas* aman la vida y son capaces de disfrutar de cada momento. Les gusta estar donde

---

[1] Esto no quiere decir que todos los habitantes de Italia pertenezcan a este tipo de personalidad, sino que la sociedad italiana, en su conjunto, tiene muchas características del *entusiasta*.

pasa algo. Por lo general, son optimistas: miran con esperanza al futuro y creen en las personas. Les gustan los cambios y las nuevas experiencias. Desean conocer constantemente nuevas ideas, descubrir nuevos lugares y encontrarse con gente nueva.

Se esfuerzan por estar en el centro de los acontecimientos y necesitan el contacto con la gente. Condenados a la soledad y apartados del mundo caen en el marasmo. Aprecian las buenas relaciones con otras personas y anhelan la aprobación del entorno. Sin embargo, no la buscan a toda costa, (por ejemplo, actuando en contra de sus convicciones). No les gusta estar controlados, ser comprobados, clasificados o sometidos a presión. Ellos mismos también respetan la libertad y la independencia de los demás.

## Percepción y pensamientos

Los *entusiastas* sienten curiosidad por el mundo y buscan continuamente nuevas inspiraciones. Normalmente les interesan las ideas nuevas y las ocurrencias innovadoras. Asimilan con facilidad los conceptos complejos y las teorías abstractas. Abordan los problemas y las tareas de forma creativa, a menudo incluso innovadora. Perciben las relaciones entre hechos y fenómenos concretos, llegan a las soluciones más rápidamente que los demás. A veces encuentran en los acontecimientos y circunstancias que los rodean significados e indicios ocultos. Normalmente son originales, no convencionales, ingeniosos y orientados al futuro. Les caracteriza también un optimismo y un entusiasmo extraordinarios (de ahí el nombre de este tipo de personalidad).

Su actitud inspira a los demás y les da confianza en el éxito. Los *entusiastas* normalmente están firmemente convencidos de que los proyectos que emprenden acabarán con éxito. No les desalientan los obstáculos ni las contrariedades. Conscientes de las oportunidades que se presentan, están dispuestos a asumir el riesgo y tomar un camino todavía no explorado, solo para aprovecharlas (les pesan en la conciencia las oportunidades perdidas).

## Actitud ante los demás

Los *entusiastas* son capaces de influir en el comportamiento de otras personas e incluso de manipularlas. Normalmente utilizan estas habilidades de forma positiva, por ejemplo, animando a los demás a descubrir sus talentos, motivándolos a actuar o reforzando su confianza en sí mismos.

Al resolver un problema son capaces de llegar hasta el fondo, sin dejarse engañar por apariencias o ilusiones. Les caracteriza una extraordinaria empatía. Interpretan los sentimientos, las emociones e incluso los motivos ocultos de otras personas. Aún más, a menudo son capaces de describir su situación, sentimientos y necesidades mejor que ellas mismas. Suele ocurrir que asumen el papel de «representantes» de otras personas. A muchas personas sus extraordinarias habilidades interpersonales (por ejemplo, la capacidad de penetrar en los secretos y misterios ajenos) les parece algo casi mágico. Sin embargo, no hay en ellos nada sobrenatural: los *entusiastas* simplemente tienen una intuición más desarrollada que los demás y son unos excelentes observadores, prestan atención no solo a las palabras, sino también a las señales no verbales.

Ayudar a las personas supone para ellos una enorme alegría. Se alegran sinceramente al ver que otros — gracias a su ayuda — empiezan a sacar provecho de sus posibilidades y adquieren más confianza en sus propias fuerzas. Experimentan, sin embargo, desánimo cuando sus esfuerzos no dan resultados y cuando las personas no quieren o no son capaces de aprovechar su propio potencial.

Piensan a menudo en los demás. Por lo general, no sirven para ermitaños, ya que las demás personas son parte de su vida. Por lo general, interpretan perfectamente las emociones y sentimientos de la gente, ¡incluso a distancia! Cuando leen cartas o correos electrónicos de amigos son capaces de ponerse en su situación e imaginarse lo que viven y cómo se sienten. A menudo ponen en primer lugar las necesidades de los demás.

## A los ojos de los demás

Su cordialidad, ternura e interés sincero actúan como un imán sobre las personas. Sin embargo, a algunos les irrita su locuacidad, su optimismo (a veces percibido como ingenuidad), su falta de puntualidad y su informalidad.

Es cierto que los *entusiastas* no siempre cumplen sus promesas. Sin embargo, no se trata de una acción consciente o — como algunos creen — un menosprecio intencionado de otras personas. Los *entusiastas* nunca hacen promesas con la intención de no cumplirlas. No obstante, los nuevos retos les absorben y excitan de tal modo que son capaces de olvidar las obligaciones anteriores y entregarse por completo a las nuevas tareas (hasta que aparezcan las siguientes). Esta actitud hace que a veces se les coloque la etiqueta de personas poco serias, caóticas y poco concretas.

A ellos, a su vez, les irrita la falta de naturalidad. Les cuesta entender los motivos por los que algunas personas intentan aparentar ser quienes no son. La pasividad, el escepticismo y el pesimismo crónico de los otros los sacan de sus casillas. No entienden a las personas que siempre se quejan de todo y son críticos ante cualquier nueva ocurrencia o idea.

## Decisiones

Antes de tomar una decisión buscan de buen grado las opiniones de otras personas, escuchan sus consejos y aprovechan su experiencia. Normalmente tienen en cuenta la opinión de los expertos y de autoridades generalmente reconocidas. Actúan basándose en su intuición (normalmente infalible) y tienen una capacidad perfecta para percibir la situación. Siempre reflexionan sobre cómo serán recibidas sus decisiones por el entorno y cómo influyen en las demás personas. No son capaces de tomar decisiones sin tener en consideración el «factor humano» y no confían en las personas que afirman basarse únicamente en los datos y hechos puros y duros.

## Organización

La fuerza que los empuja a actuar es su entusiasmo. A menudo ven el mundo de color de rosa y no perciben las posibles amenazas que pueden llegar, por lo que no pocas veces se implican en empresas peligrosas y emprenden acciones arriesgadas. Son excepcionalmente espontáneos y flexibles. Por lo general no dedican demasiado tiempo a la reflexión y la preparación: cuando les viene alguna idea a la cabeza pasan rápidamente a la acción. Suelen manejar mejor asuntos con varios pequeños proyectos que con una gran tarea que requiera un trabajo sistemático y de muchos meses. Por lo general tampoco les gustan las acciones rutinarias y repetitivas (por ejemplo, trabajos de oficina, limpieza, hacer la compra). Los ven como una limitación, una carga y una pérdida de tiempo (que podría destinarse a actividades más excitantes y creativas).

Por lo general, no son buenos organizadores ni planificadores. Actúan más bien por impulsos. También a menudo tienen problemas para aprovechar el tiempo de forma efectiva y gestionar el dinero. Su situación financiera suele ser inestable. No pocas veces ocurre que gastan cantidades importantes en objetos de lujo y luego piden prestado dinero para comprar lo más básico. También utilizan las tarjetas de crédito más que los demás.

## Comunicación

Los *entusiastas* son buenos oradores. Cuando están en un grupo toman la palabra de buen grado. Las apariciones en público no suelen ser por lo general ningún problema para ellos. Son capaces de explicar cuestiones complicadas de forma clara y comprensible, sirviéndose a menudo de historias curiosas y pintorescos ejemplos. Tienen también el don de la persuasión y son capaces de convencer a los demás de sus razones.

Cuando están entre amigos, les gusta contar chistes e historias divertidas de su vida (a menudo las adornan). Sus narraciones están llenas de emoción y entusiasmo. Muchos oyentes envidian sus aventuras y su vida pintoresca e interesante. A menudo los *entusiastas* no se dan cuenta de que son capaces de dominar totalmente una discusión o simplemente no dejan que los demás tomen la palabra (incluso cuando caen en soltar un monólogo, pueden tener la impresión de que conversaron estupendamente con alguien). Otro problema suele ser su locuacidad: son capaces de hablar por los codos durante horas, algo que para algunos suele ser difícil de soportar.

## Ante situaciones de estrés

Una frecuente fuente de estrés para los *entusiastas* son las situaciones de conflicto y la indiferencia o las críticas por parte de otras personas. Una tensión prolongada hace que a veces se vuelvan obstinados o empiecen a sospechar que los demás tienen malas intenciones. Por suerte, son capaces de relajarse perfectamente. Al pasar al «modo de diversión y descanso», se olvidan totalmente de los problemas y obligaciones.

Normalmente prefieren las formas de descanso activo. También les gustan mucho las reuniones familiares y de amigos, y de hecho ellos mismos las organizan de buen grado. A veces intentan descargar el estrés recurriendo a las sustancias estimulantes o buscando intensas emociones sensoriales.

## Aspecto social de la personalidad

Los *entusiastas* entablan rápidamente nuevas amistades. Son muy abiertos y es sencillo acercarse a ellos. Incluso después de haberlos tratado por poco tiempo uno tiene la sensación de conocerlos desde hace mucho tiempo. En los contactos con los demás son muy flexibles y se esfuerzan por hacer frente a sus necesidades (a veces descuidando las suyas). Todo esto hace que los demás se sientan muy a gusto en su compañía.

A los mismísimos *entusiastas* también les gusta mucho estar entre personas. Les importan el reconocimiento, la aceptación y el interés de los demás. Tratan las relaciones con las personas con un extraordinario entusiasmo. Son capaces de divertir a los demás, colmarlos de halagos e incluso coquetear con ellos. Sin embargo, son sensibles y tienen una empatía extraordinaria. Saben cómo comportarse en una determinada situación y son capaces de adaptarse a las circunstancias y al estado emocional de otras personas.

Les gusta conocer a otras personas y desean tener vínculos verdaderos y perfectos con ellas. Tienen tendencia a buscar un ideal (por ejemplo, un amigo ideal o un buen candidato a marido/esposa). Les importan mucho las buenas relaciones con otras personas y hacen todo lo que está en sus manos para evitar los conflictos. Por lo general, no son capaces de hacer daño conscientemente a otras personas. Aún más, incluso les cuesta expresar opiniones críticas sobre las ideas ajenas o llamar a los demás la atención sobre un comportamiento inadecuado (normalmente prefieren dejar pasar el problema, reprimiendo en su interior las emociones negativas).

Soportan muy mal la indiferencia y el silencio de los demás. No entienden ese comportamiento y no son capaces de soportarlo (normalmente — de forma totalmente injusta — suponen que una falta de reacción por parte de los demás indica hostilidad).

## Entre amigos

Los *entusiastas* valoran las relaciones auténticas y sinceras. Conocer a nuevas personas, conversar con los amigos, pasar el tiempo juntos: todo esto constituye la esencia de sus vidas. Cuando están separados de la gente su vida pierde color y sabor.

«Descifran» rápidamente a los demás. A veces, tras solo unos minutos de conversación ya saben que los otros «están en otra onda» y no serán capaces de entenderse con ellos.

Las relaciones con las personas son para ellos un asunto de la máxima importancia. Normalmente tienen muchos amigos y son el alma del grupo. Los demás pasan de buen grado el tiempo con ellos, ya que los *entusiastas* rebosan energía positiva y humor. Son también muy cordiales: muestran cariño a los demás, respetan su individualidad y tienen en cuenta sus necesidades.

Sus amistades son muy intensas, pero suelen durar poco. Cuando conocen a personas nuevas, les dedican completamente su atención y su energía, olvidándose a veces de los viejos amigos.

Por lo general, expresan abiertamente sus sentimientos y no escatiman elogios a los demás. Les cuesta entablar una amistad con personas que no exteriorizan sus emociones y no dicen lo que piensan. Los *entusiastas* a menudo perciben ese comportamiento como una síntoma de rechazo. Un entorno frío y hostil, que no puedan abandonar (por ejemplo, en el trabajo) supone para ellos una enorme incomodidad y una carga. Para ellos la mejor forma de reaccionar al estrés es pasar el tiempo con los amigos y la familia.

Los *entusiastas* están casi siempre rodeados de personas y tienen muchos amigos. Sin embargo, la mayoría de estas relaciones tienen un carácter superficial. Atraen su atención tantos asuntos y se distraen tan fácilmente que incluso sus amigos más próximos suelen tener la impresión de que nunca pueden tenerlos completamente para ellos. Normalmente los *entusiastas* tienen solamente unos pocos amigos realmente íntimos. Más frecuentemente son *consejeros*, *idealistas*, *presentadores* u otros *entusiastas*. Menos frecuentemente, *inspectores*, *administradores* y *pragmáticos*.

## En el matrimonio

Como maridos/esposas los *entusiastas* son muy entregados y unas parejas solícitas. Aportan a la relación cariño, entusiasmo, energía, creatividad y sentido del humor. Les importan mucho la felicidad y el buen estado de ánimo de sus parejas.

Hacen frente a sus necesidades, les muestran mucho cariño y no escatiman palabras y gestos de afecto.

Ellos mismos también necesitan cariño, cercanía y aceptación. Siempre controlan el estado de las relaciones mutuas y se percatan rápidamente de los problemas. Es fácil herirlos, ya que sufren muy intensamente con cualquier observación sarcástica o comentario poco halagador, e incluso la indiferencia de parte de los más cercanos los hiere. No les gusta tratar los asuntos difíciles y desagradables, e intentan evitar a toda costa los conflictos y las peleas. Prefieren sufrir a decirle a la pareja que algo les desagrada. A menudo tampoco son capaces de cortar relaciones dañinas y tóxicas.

Cuando aparecen problemas en el matrimonio los *entusiastas* sufren mucho por ese motivo y se sienten responsables de los mismos. Cuando la relación se rompe y los cónyuges se separan, a menudo se acusan de no haber hecho todo lo posible para salvar la relación. Por lo general tratan con seriedad sus obligaciones, aunque puede que ellos sean la causa de problemas en el matrimonio. Su afición por los cambios y los experimentos, sus sueños de un amor perfecto y su aversión por la rutina pueden llevarles a buscar experiencias fuera de la relación. Este peligro existe especialmente cuando sus parejas no comparten sus pasiones, su entusiasmo ni su curiosidad por el mundo. Lo que influye en la duración de sus relaciones es, sin embargo, su solicitud por los más próximos y sus valores profundamente enraizados.

Los candidatos naturales a maridos/esposas de los *entusiastas* son personas de tipos de personalidad afines: *consejeros*, *idealistas* o *mentores*. En estos matrimonios es más fácil crear una comprensión mutua y unas relaciones armoniosas. Sin embargo, la experiencia muestra que las personas pueden crear relaciones exitosas y felices también a pesar de una evidente disconformidad tipológica. Aún más, las diferencias entre los cónyuges pueden aportar dinámica a estas relaciones y ayudar al desarrollo personal (a muchas personas esta perspectiva les parece más atractiva que la visión de una relación armoniosa, en la que siempre reina el acuerdo y una plena comprensión mutua).

## Como padres

Como padres los *entusiastas* tratan con seriedad sus obligaciones. Se preocupan por el desarrollo de los hijos y les transmiten los valores en los que ellos mismos creen. Los envuelven con cariño, les dan confianza en sus propias fuerzas y no escatiman con ellos afecto ni elogios. A veces los hijos (en particular los mayores) se sienten simplemente desconcertados por el amor y el afecto mostrado por sus padres *entusiastas* (sobre todo, ante compañeros de su misma edad). Sin embargo, en los momentos difíciles aprecian que pueden contar con su apoyo anímico y emocional

La aversión innata de los *entusiastas* por las acciones rutinarias y repetitivas hace que para ellos sea todo un reto el hecho de ayudar a los hijos en acciones prácticas cotidianas (por ejemplo, a la hora de hacer los deberes). En la mayoría de los casos, la preocupación por el bien de los hijos hace que, a pesar de todo sean capaces también de obligarse a hacer esas tareas que menos les gustan.

Los *entusiastas* son unos excelentes compañeros de juegos para sus hijos (normalmente ellos mismos tienen algo de niños en su interior), les encantan los juegos, las aventuras y todo tipo de experimentos. Así que el tiempo empleado jugando juntos no es solo una atracción para los niños, sino también para los mismos *entusiastas*. Un problema en las relaciones con los hijos es a su vez su tendencia a ser inconsecuentes y variables. Un día pueden ser muy tolerantes e indulgentes, mientras que al día siguiente son severos e impacientes. Esta actitud hace que a veces los hijos no sean capaces de entender el modelo que guía los comportamientos de los padres y pierdan la sensación de estabilidad y seguridad. Los *entusiastas* a menudo también tienen problemas para disciplinar a los hijos y hacerles cumplir sus obligaciones. Sin embargo, esto no se refiere a las situaciones en las que el comportamiento de los hijos infringe los principios profesados por los padres. Entonces, no hay que esperar mucho a su reacción. Los *entusiastas* están convencidos de que existen límites que no se pueden transgredir.

Los hijos adultos de los *entusiastas* recuerdan agradablemente los juegos despreocupados con ellos y la atmósfera cálida y cordial del hogar familiar. También los valoran porque respetaron sus elecciones, les mostraron apoyo y les enseñaron a preocuparse por los demás.

# Trabajo y carrera profesional

Los *entusiastas* ejercen con éxito diferentes profesiones, totalmente alejadas unas de otras. Normalmente tienen una amplia experiencia profesional, muchos de ellos cambian de trabajo con relativa frecuencia, e incluso cambian a un sector profesional totalmente diferente varias veces a lo largo de la vida. Les atrae más un trabajo que brinde la posibilidad de crear, experimentar y solucionar problemas. Sin embargo, no soportan la burocracia, la jerarquía, las tareas rutinarias, así como las acciones repetitivas y los procedimientos rígidos. Se encuentran mal en un entorno corporativo frío, jerárquico y formalizado.

## Tareas

Les gusta realizar tareas que les permitan expresar de forma práctica sus convicciones y hacer realidad los valores con los que se identifican. Se sienten a gusto en instituciones cuya actividad es útil para la sociedad y proporciona cambios tangibles y positivos en la vida de la comunidad local, el país o el mundo. Les gusta ser conscientes de que su actividad influye en la vida de otras personas y es útil para resolver problemas. Cuando trabajan en tareas en las que creen, no es necesario controlarlos ni motivarlos, ya que ponen toda su energía en el trabajo. A su vez, es difícil movilizarlos para trabajar en tareas que les aburren o no son conformes con su escala de valores. Tampoco les gusta el trabajo individual. Para ellos la peor combinación es un trabajo «estático» en solitario, que requiera una concentración prolongada en una sola tarea. En cambio, les gusta el trabajo en equipo y el movimiento, la diversidad y los cambios frecuentes.

## Capacidades y retos

Son muy eficientes en tareas que requieran habilidades interpersonales, ingenio, flexibilidad y capacidad de improvisación. Les gusta estar donde pasa algo. Normalmente son un apoyo para los demás trabajadores. Hacen frente de buen grado a sus necesidades y son capaces de crear compromiso. Por lo general son muy ingeniosos y creativos, aunque se aburren rápidamente: les cuesta continuar las tareas empezadas si en el horizonte aparecen nuevos proyectos más fascinantes. A menudo tienen problemas con la organización del tiempo; también les cuesta establecer las prioridades, concentrarse y centrar la atención en las tareas que deben realizar. Se distraen fácilmente: les ocurre que a la hora de atraer su atención normalmente ganan los estímulos más intensos y más recientes. Les irrita la unificación y la burocracia. A veces se rebelan abiertamente contra los procedimientos penosos y las normas — en su opinión — irrealizables. Soportan muy mal el marasmo, la inmovilidad y la pasividad.

Al trabajar en equipo, los *entusiastas* valoran una atmósfera sana y amistosa. Se ven confundidos en situaciones de conflicto y lucha por la influencia o el poder. No entienden a las personas que al luchar por sus intereses son capaces de perjudicar a los demás. No son capaces de concebir los motivos de tales actuaciones: ese no es su mundo.

## Superiores

Les gustan los superiores que son flexibles y están abiertos a soluciones innovadoras, así como aquellos que muestran a sus subordinados una dirección concreta, pero que al mismo tiempo les dejan libertad en la realización de las tareas, respetando su estilo de trabajo individual. Son partidarios de los principios democráticos de gestión. Valoran a los jefes que tienen en cuenta la opinión de los trabajadores y les permiten participar en la toma de decisiones importantes para la empresa.

Los *entusiastas* también tienen capacidades naturales de liderazgo. Pueden inspirar a otras personas, atraerlas y motivarlas a actuar. Les contagian entusiasmo y suscitan confianza en el éxito de los proyectos conjuntos. Les ayudan a ver los problemas desde una perspectiva más amplia y a percibir futuras posibilidades. Su liderazgo se basa en un conocimiento adecuado de las predisposiciones humanas y en la confianza (no son partidarios de un control estricto). Son capaces de asignar las diferentes tareas a los empleados adecuados: saben quién puede encargarse mejor de un determinado trabajo.

Como jefes normalmente gestionan la empresa o el departamento con ayuda de otras personas. Evitan la burocracia innecesaria y prefieren un estilo natural e informal. A menudo, consultan con sus subordinados las decisiones más importantes. Sin embargo, su problema suele ser la incapacidad para disciplinar a los trabajadores más mediocres. También a menudo no son capaces de cumplir sus promesas (lo que provoca la frustración de sus subordinados). Los jefes *entusiastas* son más efectivos cuando pueden contar con la ayuda de asistentes, que asuman las obligaciones administrativas, velen por el cumplimiento de los plazos y les ayuden a gestionar el tiempo.

## Profesiones

El conocimiento del perfil de personalidad propio y de las preferencias naturales es una ayuda inestimable a la hora de elegir la carrera profesional óptima. La experiencia muestra que los *entusiastas* pueden trabajar con éxito y sentirse realizados en diferentes campos, aunque su tipo de personalidad los predispone de forma natural para profesiones tales como:

- actor,
- agente de seguros,
- asistente social,
- científico,
- consejero,
- consultor,
- diplomático,
- director artístico,
- diseñador de interiores,
- empresario,
- escritor,
- logopeda,
- mánager,
- mediador,
- músico,
- organizador de eventos,

- periodista,
- pintor,
- político,
- profesor,
- psicólogo,
- psiquiatra,
- redactor,
- reportero,
- representante comercial,
- sacerdote.

# Potenciales puntos fuertes y débiles

Los *entusiastas*, al igual que otros tipos de personalidad, tienen potenciales puntos fuertes y débiles. Este potencial puede ser gestionado de diferentes formas. La felicidad personal y la realización profesional de los *entusiastas* dependen de si aprovechan las oportunidades relacionadas con su tipo de personalidad y de si hacen frente a las amenazas que les acechan. He aquí un RESUMEN de estas oportunidades y amenazas:

## Puntos fuertes potenciales

Los *entusiastas* son enérgicos y optimistas. Tienen una actitud positiva hacia las demás personas y son sensibles a sus necesidades. Emanan ternura y cordialidad, gracias a lo cual — de forma natural — atraen a las personas y hacen que los demás se sientan bien en su compañía. Son capaces de interpretar las emociones humanas, los sentimientos y motivos (también los ocultos) y reconocer rápidamente con quién están tratando. Tienen una excelente intuición. En las relaciones interpersonales demuestran tener mucho tacto y una sensibilidad extraordinaria: saben cómo comportarse en una determinada situación y son más bien conciliadores. Aceptan a las demás personas y respetan su individualidad y su independencia. Son tolerantes, flexibles y soportan muy bien los cambios.

Son capaces de improvisar y reaccionar rápidamente ante nuevas circunstancias. Son íntegros, brillantes y creativos. Asimilan rápidamente conceptos complejos y teorías abstractas. Son buenos oradores, capaces de expresar sus propios pensamientos de forma comprensible y tienen el don de la persuasión. No se desaniman por las contrariedades ni los obstáculos. No temen los experimentos y solucionan los problemas de forma innovadora. Piensan globalmente, son capaces de percibir las relaciones entre fenómenos individuales y ven los problemas desde una perspectiva amplia. Tienen unas capacidades de liderazgo innatas. Son capaces de motivar e inspirar a la gente y de contagiarles su optimismo, entusiasmo y confianza en el éxito. Sacan lo mejor de los demás y les ayudan a aprovechar todo su potencial. También son capaces de aceptar la ayuda de los demás y aprovechar su experiencia.

## Puntos débiles potenciales

Los *entusiastas* a menudo tienen problemas para determinar las prioridades y concentrarse en las tareas que realizan. Normalmente empiezan el trabajo con entusiasmo, pero se distraen fácilmente y les cuesta acabarlo. A veces les puede ocurrir que no cumplan las promesas hechas, no respeten los plazos establecidos o se retrasen en la realización de las tareas. También tienen problemas con la gestión del tiempo y la planificación. No se les da del todo bien realizar la tareas diarias y repetitivas en la vida privada (por ejemplo, limpiar, hacer la compra); tampoco son partidarios de las obligaciones rutinarias en el trabajo (por ejemplo, preparar informes, redactar memorias).

No son capaces de valorar y utilizar la crítica constructiva, normalmente la ven como un ataque a su persona o un socavamiento de sus valores. Dependen mucho de la valoración de las personas y soportan mal las observaciones negativas y los comentarios sarcásticos. Intentan evitar a toda costa los conflictos y las conversaciones desagradables: normalmente prefieren silenciar el problema a hacerle frente.

Tienen dificultades para expresar opiniones críticas y para llamar la atención a los demás. Reprimen en su interior las emociones negativas. Al centrarse en las necesidades de los demás a menudo se olvidan de las propias. Suelen ser crédulos y a veces son utilizados por los demás. Su entusiasmo y tendencia a ver el mundo de color de rosa les lleva a veces a perder de vista la realidad, a menospreciar los peligros y a una tendencia excesiva al riesgo.

# Desarrollo personal

El desarrollo personal de los *entusiastas* depende del grado en que utilizan su potencial natural y se sobreponen a las amenazas relacionadas con su tipo de personalidad. Los siguientes consejos prácticos constituyen un decálogo característico del *entusiasta*.

## Concéntrate

Define tus prioridades e intenta acabar lo que empezaste. Concéntrate en las tareas más importantes y no dejes que te distraigan asuntos de menor importancia. Al hacer esto, evitarás la frustración y conseguirás hacer más cosas.

## Sé más práctico

Tienes una tendencia natural a crear propuestas idealistas, que suelen estar alejadas de la vida. Piensa en sus aspectos prácticos: en cómo realizarlas en el mundo real e imperfecto en el que vivimos.

## No tengas miedo a las críticas

No temas expresar tus opiniones críticas ni aceptar las críticas de otros. La crítica puede ser constructiva y no tiene por qué significar un ataque a las personas o un socavamiento de sus valores.

## No culpes a los demás de tus problemas

Eres tú el que tiene más influencia sobre tu vida y eres tú el más competente para solucionar tus problemas. No te detengas ante las contrariedades externas. Concéntrate en tus puntos fuertes y utiliza todo tu potencial.

## Deja de mejorar y empieza a actuar

En lugar de pensar en cómo mejorar lo que planeas hacer, simplemente hazlo. En caso contrario pasarás el resto de tu vida perfeccionando tus planes. Es mejor hacer algo bueno (no necesariamente perfecto) que no hacer nada.

## Piensa en ti

Piensa acerca de tus propias necesidades y encuentra tiempo para reflexionar sobre tu propia vida. No dejes que te utilicen, y aprende a decir no. Si quieres ayudar eficazmente a otras personas también tienes que preocuparte por ti mismo.

## No temas los conflictos

Incluso en el círculo de las personas más próximas a veces se producen conflictos. Sin embargo, no tienen por qué ser destructivos: ¡suelen ayudar a identificar y solucionar problemas! En las situaciones de conflicto no escondas la cabeza bajo la arena, sino que expresa abiertamente tu punto de vista y tus sentimientos relacionados con una determinada situación.

## Pregunta

No supongas que el silencio de otras personas significa indiferencia u hostilidad. Si de verdad quieres saber lo que piensan, pregúntales.

## No temas las ideas y opiniones que son diferentes a las tuyas

Antes de rechazarlas, piensa bien en ellas e intenta comprenderlas. Una actitud abierta a los puntos de vista de los demás no tiene por qué significar abandonar los propios.

## Expresa las emociones negativas

No reprimas en tu interior la ira y la rabia. Si te irrita una determinada situación o comportamiento de otras personas, simplemente dilo. Les ayudarás así a comprender lo que te desagrada y tú mismo evitarás la autodestrucción y las reacciones incontroladas y violentas.

# Personas conocidas

La lista de personas conocidas que se corresponden con el perfil de *entusiasta* incluye, entre otros, los siguientes nombres:

- **Joseph Haydn** (1732 - 1809), compositor austriaco del periodo del clasicismo, el primero de los llamados tres clásicos vieneses;
- **Mark Twain**, realmente Samuel Langhorne Clemens (1835 - 1910), escritor estadounidense de origen escocés (entre otras obras, *El príncipe y el mendigo*);
- **Edith Wharton** (1862 - 1937), escritora estadounidense (entre otras obras, *La edad de la inocencia*);
- **James Dobson** (n. 1936), psicólogo cristiano estadounidense y autor de

numerosos libros (entre otros, *Lo que cada esposa querría que su marido supiera sobre las mujeres*);

- **Cher**, realmente Cherilyn Sarkisian LaPierre (n. 1946), cantante y actriz de cine estadounidense de origen armenio-indio;
- **Jonathan Pryce**, realmente Jonathan Price (n. 1947), actor de cine galés (entre otras películas, *Piratas del Caribe*);
- **James Woods** (n. 1947), actor de cine estadounidense (entre otras películas, *Salvador*), guionista y director;
- **Gregg Henry** (n. 1952), actor de teatro y cine estadounidense (entre otras películas, *Doble cuerpo*), músico, vocalista y autor de letras;
- **Carrie Fisher** (1956 - 2016), actriz estadounidense (entre otras películas, *La guerra de las galaxias*) y escritora;
- **Damon Hill** (n. 1960), expiloto de carreras británico y campeón del mundo de Fórmula 1;
- **Heather Locklear** (n. 1961), actriz de televisión y cine estadounidense (entre otras series, *Dinastía*);
- **Sandra Bullock** (n. 1964), actriz de cine estadounidense (entre otras películas, *Mientras dormías*) y productora;
- **Keanu Reeves** (n. 1964), actor de cine canadiense (entre otras películas, *Matrix*);

- **Jason Statham** (n. 1972), actor de cine inglés (entre otras películas, *Transporter*).

# 16 tipos de personalidad de forma breve

## Administrador (ESTJ)

**Lema vital:** *¡Hagamos esa tarea!*

Trabajador, responsable y extraordinariamente leal. Enérgico y decidido. Valora el orden, la estabilidad, la seguridad y las reglas claras. Objetivo y concreto. Lógico, racional y práctico. Es capaz de asimilar una gran cantidad de información detallada.

Organizador perfecto. No tolera la ineficiencia, el despilfarro ni la pereza. Fiel a sus convicciones y directo en los contactos. Presenta sus puntos de vista de forma decidida y expresa abiertamente opiniones críticas, por lo que en ocasiones hiere inconscientemente a otras personas.

## Tendencias naturales del *administrador*.

- Fuente de energía vital: mundo exterior.
- Asimilación de información: sentidos.
- Toma de decisiones: razón.
- Estilo de vida: organizado.

## Tipos de personalidad similares:

- *Animador*
- *Inspector*
- *Pragmático*

## Datos estadísticos:

- Los *administradores* constituyen el 10-13% de la sociedad.
- Entre los *administradores* predominan los hombres (60%).
- Un país que se corresponde con el perfil del *administrador* son los Estados Unidos[2].

## Código literal:

El código literal universal del *administrador* en las tipologías de personalidad de Jung es ESTJ.

## Más:

Jarosław Jankowski
*Tu tipo de personalidad: Administrador (ESTJ)*

---

[2] Esto no quiere decir que todos los habitantes de los EE. UU. pertenezcan a este tipo de personalidad, sino que la sociedad estadounidense, en su conjunto, tiene muchas características del *administrador*.

# Animador (ESTP)

**Lema vital:** *¡Hagamos algo!*

Enérgico, activo y emprendedor. Le gusta la compañía de otros y sabe pasárselo bien y disfrutar del momento presente. Es espontáneo, flexible y suele estar abierto a los cambios.

Es entusiasta inspirador e iniciador, suele motivar a los demás a actuar. Lógico, racional y extraordinariamente pragmático. Realista. Le aburren las ideas abstractas y las reflexiones sobre el futuro. Procura solucionar los problemas concretos e inmediatos que se le presentan, pero a menudo también tiene dificultades con la organización y la planificación. Suele ser impulsivo. Suele ocurrir que primero actúa y luego piensa.

## Tendencias naturales del *animador*:

- Fuente de energía vital: mundo exterior.
- Asimilación de información: sentidos.
- Toma de decisiones: razón.
- Estilo de vida: espontáneo.

## Tipos de personalidad similares:

- *Administrador*
- *Pragmático*
- *Inspector*

## Datos estadísticos:

- Los *animadores* constituyen el 6-10% de la sociedad.

- Entre los *animadores* predominan los hombres (60%).
- El país que se corresponde con el perfil de *animador* es Australia.

## Código literal:

El código literal universal del *animador* en las tipologías de personalidad de Jung es ESTP.

## Más:

Jarosław Jankowski
*Tu tipo de personalidad: Animador (ESTP)*

# Artista (ISFP)

**Lema vital:** *¡Creemos algo!*

Sensible, creativo y original. Tiene un gran sentido de la estética y capacidades artísticas naturales. Independiente, se guía por su propia escala de valores y no cede ante la presión. Optimista y con una actitud positiva hacia la vida; es capaz de disfrutar del momento.

Disfruta ayudando a los demás. Le aburren las teorías abstractas; prefiere crear la realidad que hablar de ella. Sin embargo, le resulta más fácil empezar cosas nuevas que acabar las empezadas antes. Suele tener dificultades para expresar sus propios deseos y necesidades.

## Tendencias naturales del *artista*:

- Fuente de energía vital: mundo interior.
- Asimilación de información: sentidos.

- Toma de decisiones: corazón.
- Estilo de vida: espontáneo.

## Tipos de personalidad similares:

- *Protector*
- *Presentador*
- *Defensor*

## Datos estadísticos:

- Los *artistas* constituyen el 6-9% de la población.
- Entre los *artistas* predominan las mujeres (60%).
- El país que se corresponde con el perfil de *artista* es China.

## Código literal:

El código literal universal del *artista* en las tipologías de personalidad de Jung es ISFP.

## Más:

Jarosław Jankowski
*Tu tipo de personalidad: Artista (ISFP)*

# Consejero (ENFJ)

**Lema vital:** *Mis amigos son mi mundo.*

Optimista, entusiasta y gracioso. Amable, sabe actuar con tacto. Tiene el extraordinario don de la empatía y disfruta actuando de forma desinteresada a favor de los demás. Es capaz de influir en sus vidas: inspira, descubre en ellos el potencial oculto que tienen y suscita confianza en sus propias fuerzas. Irradia ternura y atrae a las demás personas. A menudo las ayuda a resolver sus problemas personales.

Suele ser crédulo, aunque un poco ingenuo, y tiene tendencia a ver el mundo de color de rosa. Concentrado en los demás, a menudo se olvida de sus propias necesidades.

## Tendencias naturales del *consejero*:

- Fuente de energía vital: mundo exterior.
- Asimilación de información: intuición.
- Toma de decisiones: corazón.
- Estilo de vida: organizado.

## Tipos de personalidad similares:

- *Entusiasta*
- *Mentor*
- *Idealista*

## Datos estadísticos:

- Los *consejeros* constituyen el 3-5% de la población.
- Entre los *consejeros* predominan claramente las mujeres (80%).
- El país que se corresponde con el perfil de *consejero* es Francia.

## Código literal:

El código literal universal del *consejero* en las tipologías de personalidad de Jung es ENFJ.

## Más:

Jarosław Jankowski
*Tu tipo de personalidad: Consejero (ENFJ)*

# Defensor (ESFJ)

**Lema vital:** *¿Cómo puedo ayudarte?*

Entusiasta, enérgico y bien organizado. Práctico, responsable, concienzudo. Cordial y extraordinariamente sociable.

Percibe los sentimientos humanos, las emociones y necesidades. Valora la armonía. Soporta mal la crítica y los conflictos. Es sensible a todas las manifestaciones de injusticia y protesta cuando ve que lastiman a otras personas. Se interesa sinceramente por los problemas de los demás y siente una verdadera alegría al ayudarlos. Al velar por sus necesidades a menudo desatiende las suyas propias. Tiene tendencia a hacer por los demás cosas que ellos mismos deberían hacer. Suele ser susceptible a la manipulación.

## Tendencias naturales del *defensor*:

- Fuente de energía vital: mundo exterior.
- Asimilación de información: sentidos.
- Toma de decisiones: corazón.
- Estilo de vida: organizado.

## Tipos de personalidad similares:

- Presentador
- Protector
- Artista

## Datos estadísticos:

- Los *defensores* constituyen el 10-13% de la población.
- Entre los *defensores* predominan claramente las mujeres (70%).
- El país que se corresponde con el perfil de *defensor* es Canadá.

## Código literal:

El código literal universal del *defensor* en las tipologías de personalidad de Jung es ESFJ.

## Más:

Jarosław Jankowski
*Tu tipo de personalidad: Defensor (ESFJ)*

# Director (ENTJ)

**Lema vital:** *Os diré lo que hay que hacer.*

Independiente, activo y decidido. Racional, lógico y creativo. Percibe un contexto más amplio de los problemas analizados y es capaz de prever las futuras consecuencias de las acciones humanas. Se caracteriza por el optimismo y un sensato sentido de su propio valor. Es capaz de transformar conceptos teóricos en planes de actuación concretos y prácticos.

Visionario, mentor y organizador. Tiene unas capacidades de liderazgo innatas. Su fuerte personalidad, su criticismo y su estilo directo a menudo intimidan a los demás y provocan problemas en sus relaciones interpersonales.

## Tendencias naturales del *director*:

- Fuente de energía vital: mundo exterior.
- Asimilación de información: intuición.
- Toma de decisiones: razón.
- Estilo de vida: organizado.

## Tipos de personalidad similares:

- *Innovador*
- *Estratega*
- *Lógico*

## Datos estadísticos:

- Los *directores* constituyen el 2-5% de la población.
- Entre los *directores* predominan claramente los hombres (70%).
- El país que se corresponde con el perfil de *director* es Holanda.

## Código literal:

El código literal universal del *director* en las tipologías de personalidad de Jung es ENTJ.

## Más:

Jarosław Jankowski
*Tu tipo de personalidad: Director (ENTJ)*

# Entusiasta (ENFP)

**Lema vital:** *¡Podemos hacerlo!*

Enérgico, entusiasta y optimista. Es capaz de disfrutar de la vida y piensa a largo plazo. Dinámico, ingenioso y creativo. Le gustan las personas y aprecia las relaciones sinceras y auténticas. Cálido, cordial y emocional. Soporta mal la crítica. Tiene el don de la empatía y percibe las necesidades, los sentimientos y los motivos de los demás. Los inspira y los contagia con su entusiasmo.

Le gusta estar en el centro de los acontecimientos. Es flexible y capaz de improvisar. Es propenso a tener ocurrencias idealistas. Se distrae con facilidad y tiene problemas para llevar los asuntos hasta el final.

## Tendencias naturales del *entusiasta*:

- Fuente de energía vital: mundo exterior.
- Asimilación de información: intuición.
- Toma de decisiones: corazón.
- Estilo de vida: espontáneo.

## Tipos de personalidad similares:

- *Consejero*
- *Idealista*
- *Mentor*

## Datos estadísticos:

- Los *entusiastas* constituyen el 5-8% de la población.

- Entre los *entusiastas* predominan las mujeres (60%).
- El país que se corresponde con el perfil de *entusiasta* es Italia.

## Código literal:

El código literal universal del *entusiasta* en las tipologías de personalidad de Jung es ENFP.

## Más:

Jarosław Jankowski
*Tu tipo de personalidad: Entusiasta (ENFP)*

# Estratega (INTJ)

**Lema vital:** *Esto puede perfeccionarse.*

Independiente, marcado individualismo, con una enorme cantidad de energía interna. Creativo e ingenioso. Visto por los demás como competente y seguro de sí mismo y, a la vez, como distante y enigmático. Mira cada asunto desde una perspectiva amplia. Desea perfeccionar y ordenar el mundo que le rodea.

Bien organizado, responsable, crítico y exigente. Es difícil sacarlo de sus casillas, pero también es difícil satisfacerlo totalmente. Por lo general, tiene problemas para interpretar los sentimientos y emociones de otras personas.

## Tendencias naturales del *estratega*:

- Fuente de energía vital: mundo interior.
- Asimilación de información: intuición.

- Toma de decisiones: razón.
- Estilo de vida: organizado.

## Tipos de personalidad similares:

- *Lógico*
- *Director*
- *Innovador*

## Datos estadísticos:

- Los *estrategas* constituyen el 1-2% de la población.
- Entre los *estrategas* predominan claramente los hombres (80%).
- El país que se corresponde con el perfil de *estratega* es Finlandia.

## Código literal:

El código literal universal del *estratega* en las tipologías de personalidad de Jung es INTJ.

## Más:

Jarosław Jankowski
*Tu tipo de personalidad: Estratega (INTJ)*

# Idealista (INFP)

**Lema vital:** *Se puede vivir de otra manera.*

Sensible, leal, creativo. Desea vivir según los valores que profesa. Muestra interés por la realidad espiritual y ahonda en los secretos de la vida. Suele conmoverse por los problemas del mundo y está abierto a las necesidades de otras personas. Valora la armonía y el equilibrio.

Romántico: es capaz de demostrar amor, pero él mismo también necesita cariño y afecto. Interpreta perfectamente los motivos y sentimientos de otras personas. Crea relaciones sanas, profundas y duraderas. En situaciones de conflicto lo pasa mal, no sabe qué hacer. No resiste el estrés y la crítica.

## Tendencias naturales del *idealista*:

- Fuente de energía vital: mundo interior.
- Asimilación de información: intuición.
- Toma de decisiones: corazón.
- Estilo de vida: espontáneo.

## Tipos de personalidad similares:

- *Mentor*
- *Entusiasta*
- *Consejero*

## Datos estadísticos:

- Los *idealistas* constituyen el 1-4% de la población.
- Entre los *idealistas* predominan las mujeres (60%).
- El país que se corresponde con el perfil de *idealista* es Tailandia.

## Código literal:

El código literal universal del *idealista* en las tipologías de personalidad de Jung es INFP.

## Más:

Jarosław Jankowski
*Tu tipo de personalidad: Idealista (INFP)*

# Innovador (ENTP)

**Lema vital:** *Y si probamos a hacerlo de otra forma...*

Ingenioso, original e independiente. Optimista. Enérgico y emprendedor. Persona de acción: le gusta estar en el centro de los acontecimientos y resolver «problemas irresolubles». Tiene curiosidad por el mundo, y es propenso al riesgo y suele ser impaciente. Visionario, abierto a nuevas ideas y ocurrencias. Le gustan las nuevas experiencias y los experimentos. Percibe las relaciones entre acontecimientos concretos y piensa a largo plazo.

Espontáneo, comunicativo y seguro de sí mismo. Propenso a sobrevalorar sus propias posibilidades. Tiene problemas para llevar los asuntos hasta el final.

## Tendencias naturales del *innovador*:

- Fuente de energía vital: mundo exterior.
- Asimilación de información: intuición.
- Toma de decisiones: razón.
- Estilo de vida: espontáneo.

## Tipos de personalidad similares:

- *Director*
- *Lógico*
- *Estratega*

## Datos estadísticos:

- Los *innovadores* constituyen el 3-5% de la población.
- Entre los *innovadores* predominan claramente los hombres (70%).
- El país que se corresponde con el perfil de *innovador* es Israel.

## Código literal:

El código literal universal del *innovador* en las tipologías de personalidad de Jung es ENTP.

## Más:

Jarosław Jankowski
*Tu tipo de personalidad: Innovador (ENTP)*

# Inspector (ISTJ)

**Lema vital:** *Primero las obligaciones.*

Una persona con la que siempre se puede contar. Educado, puntual, cumplidor, concienzudo, responsable: «persona de confianza». Analítico, metódico, sistemático y lógico. Los otros lo ven como reservado, frío y serio. Aprecia la tranquilidad, la estabilidad y el orden. No le gustan los cambios. En cambio, le gustan los principios claros y las reglas concretas.

Trabajador y perseverante, es capaz de llevar los asuntos hasta el final. Perfeccionista. Quiere controlarlo todo. Parco en elogios. No aprecia el valor de los sentimientos y las emociones de otras personas.

## Tendencias naturales del *inspector*.

- Fuente de energía vital: mundo interior.
- Asimilación de información: sentidos.
- Toma de decisiones: razón.
- Estilo de vida: organizado.

## Tipos de personalidad similares:

- *Pragmático*
- *Administrador*
- *Animador*

## Datos estadísticos:

- Los *inspectores* constituyen el 6-10% de la población.
- Entre los *inspectores* predominan los hombres (60%).
- El país que se corresponde con el perfil de *inspector* es Suiza.

## Código literal:

El código literal universal del *inspector* en las tipologías de personalidad de Jung es ISTJ.

## Más:

Jarosław Jankowski
*Tu tipo de personalidad: Inspector (ISTJ)*

# Lógico (INTP)

**Lema vital:** *Lo más importante es conocer la verdad acerca del mundo.*

Original, ingenioso y creativo. Le gusta resolver problemas de índole teórica. Analítico, brillante y con una actitud entusiasta hacia las nuevas ideas. Es capaz de relacionar fenómenos concretos y deducir de ellos principios generales y teorías. Lógico, preciso e indagador. Percibe rápidamente los síntomas de incoherencia e inconsecuencia.

Independiente y escéptico ante las soluciones y autoridades establecidas. Tolerante y abierto a los nuevos retos. Se suele quedar absorto en sus reflexiones, a veces pierde el contacto con el mundo exterior.

## Tendencias naturales del *lógico*:

- Fuente de energía vital: mundo interior.
- Asimilación de información: intuición.
- Toma de decisiones: razón.
- Estilo de vida: espontáneo.

## Tipos de personalidad similares:

- *Estratega*
- *Innovador*
- *Director*

## Datos estadísticos:

- Los *lógicos* constituyen el 2-3% de la población.

- Entre los *lógicos* predominan claramente los hombres (80%).
- El país que se corresponde con el perfil de *lógico* es la India.

## Código literal:

El código literal universal del *lógico* en las tipologías de personalidad de Jung es INTP.

## Más:

Jarosław Jankowski
*Tu tipo de personalidad: Lógico (INTP)*

# Mentor (INFJ)

**Lema vital:** *¡El mundo puede ser mejor!*

Creativo, sensible, adelantado a su tiempo, capaz de ver las posibilidades que los demás no ven. Idealista y visionario orientado a la ayuda a las personas. Concienzudo, responsable y al mismo tiempo amable, solícito y amistoso. Se esfuerza por entender los mecanismos que rigen el mundo y trata de ver los problemas desde una perspectiva más amplia.

Excelente oyente y observador. Se caracteriza por una extraordinaria empatía, por su intuición y la confianza en las personas. Es capaz de interpretar los sentimientos y las emociones. Soporta mal la crítica y las situaciones de conflicto. Puede parecer enigmático.

## Tendencias naturales del *mentor*:

- Fuente de energía vital: mundo interior.
- Asimilación de información: intuición.
- Toma de decisiones: corazón.
- Estilo de vida: organizado.

## Tipos de personalidad similares:

- *Idealista*
- *Consejero*
- *Entusiasta*

## Datos estadísticos:

- Los *mentores* constituyen aproximadamente el 1% de la población y son el tipo de personalidad menos frecuente.
- Entre los *mentores* predominan claramente las mujeres (80%).
- El país que se corresponde con el perfil de *mentor* es Noruega.

## Código literal:

El código literal universal del *mentor* en las tipologías de personalidad de Jung es INFJ.

## Más:

Jarosław Jankowski
*Tu tipo de personalidad: Mentor (INFJ)*

# Pragmático (ISTP)

**Lema vital:** *Los actos son más importantes que las palabras.*

Optimista, espontáneo y con una actitud positiva hacia la vida. Comedido e independiente. Fiel a sus propias convicciones y escéptico ante las normas y principios externos. Le aburren las teorías y las reflexiones sobre el futuro.

Prefiere actuar y solucionar problemas concretos y tangibles.

Se adapta bien a los nuevos lugares y situaciones. Le gustan los nuevos retos y el riesgo. Es capaz de mantener la sangre fría ante las amenazas y los peligros. Su taciturnidad y su extrema sobriedad a la hora de expresar opiniones hace que suela ser indescifrable para los demás.

## Tendencias naturales del *pragmático*:

- Fuente de energía vital: mundo interior.
- Asimilación de información: sentidos.
- Toma de decisiones: razón.
- Estilo de vida: espontáneo.

## Tipos de personalidad similares:

- *Inspector*
- *Animador*
- *Administrador*

## Datos estadísticos:

- Los *pragmáticos* constituyen el 6-9% de la población.

- Entre los *pragmáticos* predominan los hombres (60%).
- El país que se corresponde con el perfil de *pragmático* es Singapur.

## Código literal:

El código literal universal del *pragmático* en las tipologías de personalidad de Jung es ISTP.

## Más:

Jarosław Jankowski
*Tu tipo de personalidad: Pragmático (ISTP)*

# Presentador (ESFP)

**Lema vital:** *¡Hoy es el momento perfecto!*

Optimista, enérgico y abierto a las personas. Es capaz de disfrutar de la vida y pasarlo bien. Práctico y al mismo tiempo flexible y espontáneo. Le gustan los cambios y las nuevas experiencias. Soporta mal la soledad, el estancamiento y la rutina. Se siente bien estando en el centro de atención.

Tiene unas capacidades interpretativas naturales y es capaz de hablar de una forma que despierta el interés y el entusiasmo de los oyentes. Al concentrarse en el día de hoy, a veces pierde de vista los objetivos a largo plazo. Suele tener problemas a la hora de prever las consecuencias de sus actos.

## Tendencias naturales del *presentador*:

- Fuente de energía vital: mundo exterior.
- Asimilación de información: sentidos.
- Toma de decisiones: corazón.
- Estilo de vida: espontáneo.

## Tipos de personalidad similares:

- *Defensor*
- *Artista*
- *Protector*

## Datos estadísticos:

- Los *presentadores* constituyen el 8 -13% de la población.
- Entre los *presentadores* predominan las mujeres (60%).
- El país que se corresponde con el perfil de *presentador* es Brasil.

## Código literal:

El código literal universal del *presentador* en las tipologías de personalidad de Jung es ESFP.

## Más:

Jarosław Jankowski
*Tu tipo de personalidad: Presentador (ESFP)*

# Protector (ISFJ)

**Lema vital:** *Me importa tu felicidad.*

Sincero, tierno, modesto, digno de confianza y extraordinariamente leal. Pone en primer lugar a los demás: percibe sus necesidades y desea ayudarles. Práctico, bien organizado y responsable. Paciente, trabajador y perseverante: es capaz de llevar los asuntos hasta el final.

Observa y recuerda los detalles. Valora mucho la tranquilidad, la estabilidad y las relaciones amistosas con los demás. Es capaz de tender puentes entre las personas. Soporta mal los conflictos y la crítica. Tiene un fuerte sentido de la responsabilidad y siempre está dispuesto a ayudar. Los demás suelen aprovecharse de él.

## Tendencias naturales del *protector:*

- Fuente de energía vital: mundo interior.
- Asimilación de información: sentidos.
- Toma de decisiones: corazón.
- Estilo de vida: organizado.

## Tipos de personalidad similares:

- *Artista*
- *Defensor*
- *Presentador*

## Datos estadísticos:

- Los *protectores* constituyen el 8-12% de la población.

- Entre los *protectores* predominan claramente las mujeres (70%).

- El país que se corresponde con el perfil de *protector* es Suecia.

## Código literal:

El código literal universal del *protector* en las tipologías de personalidad de Jung es ISFJ.

## Más:

Jarosław Jankowski
*Tu tipo de personalidad: Protector (ISFJ)*

# Apéndice

## Las cuatro tendencias naturales

1. Fuente de energía vital dominante

   o MUNDO EXTERIOR
   Personas que obtienen energía del
   exterior, que necesitan actividad y
   contacto con los demás. Soportan mal
   la soledad prolongada.

   o MUNDO INTERIOR
   Personas que obtienen energía del
   mundo interior, que necesitan silencio
   y soledad. Se sienten agotados cuando
   están mucho tiempo en medio de un
   grupo.

2. Forma dominante de asimilación de la información

- o SENTIDOS

  Personas que dependen de los cinco sentidos. Les convencen los hechos y las pruebas. Les gustan los métodos comprobados y las tareas prácticas y concretas. Son realistas y se basan en la experiencia.

- o INTUICIÓN

  Personas que dependen de un sexto sentido, que se guían por los presentimientos. Les gustan las soluciones innovadoras y los problemas de índole teórica. Se caracterizan por su enfoque creativo de las tareas y por su capacidad de previsión.

3. Forma de toma de decisiones dominante

- o RAZÓN

  Personas que se guían por la lógica y los principios objetivos. Críticos y directos a la hora de expresar sus opiniones.

- o CORAZÓN

  Personas que se guían por los sentimientos y los valores. Anhelan la armonía y necesitan estar bien con los demás.

4.  Estilo de vida dominante

    o  ORGANIZADO
       Personas concienzudas y organizadas.
       Valoran el orden, son personas a
       quienes les gusta actuar según un plan.

    o  ESPONTÁNEO
       Personas espontáneas, que valoran la
       libertad. Disfrutan del momento y se
       encuentran a gusto en situaciones
       nuevas.

# Porcentaje orientativo de los diferentes tipos de personalidad en la población

| Tipo de personalidad: | Porcentaje: |
| --- | --- |
| Administrador (ESTJ): | 10 – 13% |
| Animador (ESTP): | 6 – 10% |
| Artista (ISFP): | 6 – 9% |
| Consejero (ENFJ): | 3 – 5 % |
| Defensor (ESFJ): | 10 – 13% |
| Director (ENTJ): | 2 – 5% |
| Entusiasta (ENFP): | 5 – 8% |
| Estratega (INTJ): | 1 – 2% |
| Idealista (INFP): | 1 – 4% |
| Innovador (ENTP): | 3 – 5% |
| Inspector (ISTJ): | 6 – 10% |
| Lógico (INTP): | 2 – 3% |
| Mentor (INFJ): | aprox. 1% |
| Pragmático (ISTP): | 6 – 9% |
| Presentador (ESFP): | 8 – 13% |
| Protector (ISFJ): | 8 – 12% |

# Porcentaje orientativo de mujeres y hombres entre las personas con un determinado tipo de personalidad

| Tipo de personalidad: | Mujere/ hombres: |
|---|---|
| Administrador (ESTJ): | 40% / 60% |
| Animador (ESTP): | 40% / 60% |
| Artista (ISFP): | 60% / 40% |
| Consejero (ENFJ): | 80% / 20% |
| Defensor (ESFJ): | 70% / 30% |
| Director (ENTJ): | 30% / 70% |
| Entusiasta (ENFP): | 60% / 40% |
| Estratega (INTJ): | 20% / 80% |
| Idealista (INFP): | 60% / 40% |
| Innovador (ENTP): | 30% / 70% |
| Inspector (ISTJ): | 40% / 60% |
| Lógico (INTP): | 20% / 80% |
| Mentor (INFJ): | 80% / 20% |
| Pragmático (ISTP): | 40% / 60% |
| Presentador (ESFP): | 60% / 40% |
| Protector (ISFJ): | 70% / 30% |

# Bibliografía

- Arraj James, *Tracking the Elusive Human, Volume 2: An Advanced Guide to the Typological Worlds of C. G. Jung, W.H. Sheldon, Their Integration, and the Biochemical Typology of the Future*, Inner Growth Books, 1990.

- Arraj Tyra, Arraj James, *Tracking the Elusive Human, Volume 1: A Practical Guide to C.G. Jung's Psychological Types, W.H. Sheldon's Body and Temperament Types and Their Integration*, Inner Growth Books, 1988.

- Berens Linda V., Cooper Sue A., Ernst Linda K., Martin Charles R., Myers Steve, Nardi Dario, Pearman Roger R., Segal Marci, Smith Melissa A., *Quick Guide to the 16 Personality Types in Organizations: Understanding Personality Differences in the Workplace*, Telos Publications, 2002.

- Geier John G., Downey E. Dorothy, *Energetics of Personality*, Aristos Publishing House, 1989.

- Hunsaker Phillip L., Alessandra J. Anthony, *The Art of Managing People*, Simon and Schuster, 1986.

- Jung Carl Gustav, *Tipos psicológicos*, Trotta, 2013.

- Kise Jane A. G., Stark David, Krebs Hirsch Sandra, *LifeKeys: Discover Who You Are*, Bethany House, 2005.

- Kroeger Otto, Thuesen Janet, *Type Talk or How to Determine Your Personality Type and Change Your Life*, Delacorte Press, 1988.

- Lawrence Gordon, *Looking at Type and Learning Styles*, Center for Applications of Psychological Type, 1997.

- Lawrence Gordon, *People Types and Tiger Stripes*, Center for Applications of Psychological Type, 1993.

- Maddi Salvatore R., Personality Theories: *A Comparative Analysis*, Waveland, 2001.

- Martin Charles R., *Looking at Type: The Fundamentals Using Psychological Type To Understand and Appreciate Ourselves and Others*, Center for Applications of Psychological Type, 2001.

- Meier C.A., *Personality: The Individuation Process in the Light of C. G. Jung's Typology*, Daimon Verlag, 2007.

- Pearman Roger R., Albritton Sarah, *I'm Not Crazy, I'm Just Not You: The Real Meaning of the Sixteen Personality Types*, Davies-Black Publishing, 1997.

- Segal Marci, *Creativity and Personality Type: Tools for Understanding and Inspiring the Many Voices of Creativity*, Telos Publications, 2001.

- Sharp Daryl, *Personality Type: Jung's Model of Typology*, Inner City Books, 1987. Spoto Angelo, Jung's Typology in Perspective, Chiron Publications, 1995.

- Tannen Deborah, *Tú no me entiendes*, Círculo de lectores, 1992.

- Thomas Jay C., Segal Daniel L., *Comprehensive Handbook of Personality and Psychopathology*, Personality and Everyday Functioning, Wiley, 2005.

- Thomson Lenore, *Personality Type: An Owner's Manual*, Shambhala, 1998.

- Tieger Paul D., Barron-Tieger Barbara, *Just Your Type: Create the Relationship You've Always Wanted Using the Secrets of Personality Type*, Little, Brown and Company, 2000.

- Von Franz Marie-Louise, Hillman James, *Lectures on Jung's Typology*, Continuum International Publishing Group, 1971.